30 Avril 1883.

VENTE

PAR SUITE DU DÉCÈS DE Mme Vve GUILAINE

Les Lundi 30 Avril et Mardi 1er Mai 1883,

HOTEL DROUOT, SALLE No 8

PORCELAINES

ANCIENNES

DE LA CHINE ET DU JAPON

BRONZES D'AMEUBLEMENT, MEUBLES ANCIENS

TABLEAUX

EXPOSITION PUBLIQUE

LE DIMANCHE 29 AVRIL 1883

De une heure à cinq heures.

COMMISSAIRE-PRISEUR

Me PAUL CHEVALLIER, Succr de Mr CH. PILLET

10, rue de la Grange-Batelière.

M. CH. MANNHEIM, Expert, 7, rue St-Georges.

IMPRIMERIE PILLET ET DUMOULIN
RUE DES GRANDS-AUGUSTINS, 5, A PARIS.

CATALOGUE

DE

PORCELAINES ANCIENNES

DE LA CHINE ET DU JAPON

Grand nombre de beaux Plats et Assiettes en vieux Chine
de belle qualité;
Vases; Jardinières et Potiches; Faïences; Porcelaines diverses;
BRONZES D'AMEUBLEMENT
DES ÉPOQUES LOUIS XIV, LOUIS XV ET LOUIS XVI;
Pendules; Cartels; Appliques; Lustres;
MEUBLES ANCIENS
Tableaux; Objets divers;

DONT LA VENTE AURA LIEU PAR SUITE DU DÉCÈS
DE MADAME VEUVE GUILAINE

HOTEL DROUOT, SALLE No 8

Les Lundi 30 Avril et Mardi 1er Mai 1883,

A deux heures.

COMMISSAIRE-PRISEUR

Me PAUL CHEVALLIER, Succr de M. CH. PILLET,
10, rue de la Grange-Batelière;

M. CH. MANNHEIM, Expert, 7, rue St-Georges.

Chez lesquels se trouve le présent Catalogue.

EXPOSITION PUBLIQUE : le Dimanche 29 Avril 1883,
De une heure à cinq heures.

CONDITIONS DE LA VENTE

La vente sera faite au comptant.

Les acquéreurs payeront cinq pour cent en sus des enchères applicables aux frais.

L'exposition mettant le public à même de se rendre compte de l'état des objets, il ne sera admis aucune réclamation une fois l'adjudication prononcée.

Paris. — Typ. Pillet et Dumoulin, 5, rue des Grands-Augustins.

DÉSIGNATION DES OBJETS

PORCELAINES ANCIENNES

DE LA CHINE ET DU JAPON

1 — Plat creux en vieux chine, décoré en émaux de la famille verte; au centre, personnages dans un kiosque; bordure à six réserves d'attributs sur fond quadrillé à rosaces.

2 — Plat rond en vieux chine, décoré en émaux de la famille verte; au centre, rochers avec arbustes fleuris et oiseaux; bordure à quatre réserves à fleurs sur fond de rosaces en rouge.

3 — Grand plat en ancienne porcelaine du Japon à décor bleu, corbeille de fleurs au centre, et bordure à compartiments.

4-5 — Cinq plats à bord arrondi, en vieux chine, à fleurs et papillons en émaux verts et rouges.

6 — Plat creux en vieux chine, décoré en émaux de la famile rose, à paysage au centre, lambrequins et fleurs au marli.

7 — Petit plat à bords festonnés en vieux chine, décoré en émaux de la famille rose; au centre, un philosophe et un enfant; au bord, réserves à fleurs et attributs alternés.

8 — Petit plat de même porcelaine, au centre deux oiseaux et branches de fleurs, bordure d'ornements et de fleurs sur fond caillouté varié de nuances.

9 — Dix plats de diverses dimensions, en ancienne porcelaine du Japon, décorés en bleu, rouge et or, large rosace avec poissons au centre.

10 — Deux plats à bord arrondi, en vieux chine, décorés de branches de fleurs en vert et rouge, petite bordure quadrillée.

11 — Grand plat en vieux japon, décor polychrome, rehaussé d'or, au centre une figure sur un palanquin, dragons chimériques au bord.

12-13 — Deux grands plats en vieux japon, décor polychrome, l'un à plantes aquatiques, l'autre à vase de fleurs.

14-15 — Quatre plats creux à bord arrondi, en vieux

chine, de la famille verte, décors variés à fleurs et arabesques en vert et rouge.

16 — Grand plat en porcelaine de Chine, décoré en émaux de couleurs et représentant un combat de cavaliers au centre.

17 à 21 — Douze plats en vieux chine de la famille rose à décors variés.

22 à 26 — Douze autres plus petits.

27 à 31 — Trente-quatre autres plus petits.

32-33 — Quatre plats ovales en deux dimensions en vieux japon, à fleurs et arbustes.

34 à 44 — Environ cent compotiers en vieux chine, de décors variés en émaux de couleurs de la famille rose.

45 à 70 — Environ deux cent quarante-six assiettes de vingt-six dessins variés à fleurs et personnages en vieux chine, de la famille rose, de belle qualité.

71 à 80 — Environ quatre-vingts assiettes dépareillées en vieux chine, décorées en émaux de couleurs.

81 à 83 — Quinze assiettes en vieux chine, décorées en émaux de la famille verte.

84 — Deux assiettes en vieux chine, décorées de bustes de personnages et d'ornements européens, dessinés à l'encre de Chine.

85 à 90 — Environ trente belles assiettes en vieux chine, à dessins variés, à personnages, décorés en émaux de la famille rose.

91 — Huit assiettes en vieux chine, aux armes de Mme de Pompadour, à bordure de coquillages.

92 — Huit assiettes en vieux chine, décor à dessin européen au bord et armoiries au centre, en émaux de couleurs rehaussés de dorure.

93 — Six assiettes en vieux chine, décorées d'une armoirie entourée d'écussons avec bordure d'ornements dorés.

94 — Quatre assiettes en vieux chine, armoiries au centre, fleurs en bleu au bord.

95 — Qautre assiettes à bordure ajourée, décorées de deux figures de femme et d'un enfant dans un paysage.

96 à 100 — Environ quarante-six assiettes en vieux chine, décors variés en émaux de couleurs.

101 à 105 — Cinquante et une assiettes en vieux japon, décor bleu, rouge et or, de dessins variés.

106 à 111 — Cinquante-cinq assiettes pareilles en vieux japon, décor polychrome rehaussé d'or à arbustes au centre et trois lambrequins au bord.

112 à 114 — Huit petits plats et quatorze assiettes en vieux japon, décor dit femme au parasol et canards, avec quatre réserves à la bordure.

115 — Six assiettes en vieux japon polychrome, deux figures européennes au centre.

116-118 — Quatorze pièces, petits plats et assiettes en vieux japon polychrome, à vase de fleurs au centre et trois insectes entre des lambrequins à la bordure.

119 à 123 — Quarante-huit petits compotiers en vieux japon, décors variés polychromes.

124 à 127 — Vingt et un compotiers en vieux japon, plus grands que les précédents.

128 à 131 — Vingt-six petits plats en vieux japon, décors variés.

132-133 — Seize assiettes à pans coupés, en vieux chine émaillé, de belle qualité, de six dessins variés à fleurs et oiseaux.

134 à 136 — Vingt-cinq assiettes à bord festonné en

vieux chine émaillé, de belle qualité, de cinq dessins variés.

137 — Beau sucrier à deux anses en japon, décor bleu à lambrequin.

138-139 — Six sucriers en vieux chine émaillé, à fleurs dont trois à fond brun.

140-141 — Cinq sucriers en vieux japon, décor bleu et blanc.

142 à 146 — Dix théières en vieux chine et japon

147 — Deux jolis bols en vieux chine de la famille verte, à arbustes et vases de fleurs en émaux de couleurs.

148 — Deux bols en porcelaine de Chine et de l'Inde, décor à mandarins.

149 — Deux bols en vieux Chine, décor coréen.

150 à 154 — Environ vingt bols en vieux chine et vieux japon, de décors variés.

155 à 160 — Environ soixante tasses sans anse, avec soucoupes en vieux chine, de décors variés.

161 — Quinze assiettes en porcelaine de l'Inde, décors variés.

162-167 — Environ cent soixante-quinze assiettes en vieux japon de belle qualité, décor bleu de huit dessins différents.

168-172 — Cinquante-huit assiettes de décors variés en bleu, en vieux japon.

173-174 — Deux plats creux, sept compotiers et seize assiettes en vieux japon, bordure d'enroulements en bleu et or.

175-178 — Trente-quatre compotiers de différentes formes en vieux japon, décors variés en bleu.

179-183 — Vingt-huit petits plats en vieux japon décors variés en bleu.

184 — Deux compotiers à bordure ajourée en ancienne porcelaine du japon à décor bleu à paysages et à fleurs.

185 — Quatre compotiers à bord festonné en japon, décor bleu.

186-196 — Environ cinquante plats en vieux japon bleu et blanc de décors variés.

197 — Socle hexagone en vieux Chine décoré de vases et d'attributs en émaux de la famille rose.

*

198 — Jardinière ronde forme surbaissée décorée de fleurs et de dragons en émaux de la famille rosé.

199 — Jardinière de même forme décorée de réserves à dragons, d'arabesques et de fleurs sur fond émaillé rose.

200 — Deux jardinières en vieux chine à fleurs et réserves sur fond émaillé jauné.

201 — Jardinière analogue aux précédentes à réserves de dragons.

202-203 — Deux paires de potiches en vieux chine décorées d'animaux et d'attributs sur fond semé de fleurs.

204 — Potiche en vieux chine à lambrequins et imbrications en vert et rouge.

205 — Potiche en vieux chine décorée d'arbustes et d'oiseaux.

206 — Deux petites potiches à couvercles en vieux japon bleu, rouge et or à fleurs.

207 — Quatre corbeilles ovales, une ronde et six ovales plus petites en ancienne porcelaine de l'Inde, décor bleu.

208 — Deux cache-pots en ancienne porcelaine de l'Inde, décor bleu.

209 — Deux potiches en vieux chine décorées de fleurs et de feuillages en vert et rouge.

210 — Grand cornet à renflement en vieux japon, décor bleu à figures et paysages.

211 — Deux grands cornets en vieux japon, décor bleu à bambous et palmiers.

212 — Trois pièces en chine famille verte : flacon hexagone, une bouteille et un cornet.

213 — Ecuelle à couvercle et un bourdaloue en vieux chine en émaux de la famille verte.

214 — Trois cache-pots en porcelaine du Japon, décors variés en bleu.

215 — Deux pots à côtes en vieux Japon, décor bleu à médaillon.

216 — Deux autres décorés de paysages.

217 — Un autre décoré de fleurs arabesques.

218 — Trois potiches à côtes, en japon décor bleu à arbustes et quadrillages.

219 — Trois potiches en porcelaine du Japon, décorées d'arbustes et de fleurs.

220 — Potiche à pans en vieux japon, décor bleu à compartiments d'arbustes.

221 — Grande potiche en vieux japon, à compartiments contournés en bleu rouge et or.

222 — Vase en forme de fleur de lotus, en vieux chine, décoré au naturel.

223 — Deux petits vases balustres en vieux chine gros bleu.

PORCELAINES DIVERSES

224 — Coupe présentoir en vieux sèvres, pâte tendre, décor de fleurs, monture en bronze.

224 *bis* — Compotier carré en ancienne porcelaine de Sèvres, fond turquoise à fleurs (fracturé), pied en bronze à dauphins.

225 — Deux vases en ancienne pâte tendre de Sèvres, décor moderne à fond turquoise et médaillon de fleurs.

226 — Deux coupes carrées en pâte tendre de Sèvres, décor moderne à figures d'amours et fleurs, fond turquoise, montures en bronze doré.

227 — Deux seaux en porcelaine tendre de Tournay, fond turquoise à médaillon et fleurs, montures en bronze à cygnes et griffons.

228 — Groupe en biscuit, le Bonheur conjugal.

229 — Groupe en terre de Siflé, la Leçon de flûte.

230 — Lot de porcelaine tendre de Tournay.

231 — Six couteaux à manches en porcelaine de Chantilly.

232 — Lot de tasses et de soucoupes en vieux saxe à décor de fleurs.

233 — Lot d'environ cent cinquante fleurettes en ancienne porcelaine de Saxe pour montures de girandoles, etc.

234 — Lot d'aubépines en vieux saxe.

235 — Tête-à-tête en porcelaine de Mayence, décoré de guirlandes; il est composé de sept pièces sur un plateau.

236 — Cabaret en ancienne porcelaine de Vienne, décor de fleurs en camaïeu violet et or; il est composé de onze pièces.

FAIENCES

237-244 — Huit garnitures de potiches et cornets en ancienne faïence de Delft à décor bleu.

245. — Grande et belle potiche à pans, en ancienne faïence de Nevers, décor chinois en bleu à paysage avec figures et arabesques.

246 — Potiche ovoïde en ancienne faïence de Nevers, décor chinois en bleu et manganèse.

247 — Deux vases Médicis en faïence ancienne, à décor bleu.

248 — Deux soupières forme choux en ancienne faïence de Delft, décorées au naturel.

249 — Vase à panse sphérique, en ancienne faïence de Delft, décor bleu.

250 — Grand bol à pans en vieux delft, décor bleu à paysages et arbustes.

PENDULES ET CARTELS

251 — Pendule Louis XIV et son socle de suspension

en marqueterie de cuivre et d'écaille noire, ornée de bronzes, surmontée d'une figure de Psyché.

252 — Pendule Louis XIV et son socle de suspension analogue à la précédente.

253 — Petit porte-montre Louis XIV en marqueterie de cuivre sur écaille, garni d'ornements, de feuillages et d'attributs en bronze finement ciselé et doré. Il est surmonté d'une figure d'Amour.

254 — Petite pendule Louis XIV en marqueterie de cuivre et d'écaille, ornée de bronzes et surmontée d'une figure d'Amour assis sur une sphère.

255 — Deux petits porte-montres Louis XIV, l'un de forme contournée en marqueterie de cuivre et d'écaille rouge, l'autre de forme cintrée du haut, marqueterie de cuivre sur écaille noire.

256 — Trois socles de suspension pour pendules en marqueterie de cuivre du temps de Louis XIV.

257 — Pendule Louis XVI en bronze doré, modèle dit la Pleureuse d'oiseau; socle en marbre blanc.

258 — Pendule Louis XVI en bronze ciselé et doré, elle est flanquée de deux rinceaux feuillagés et surmontée d'une lyre et d'un cor de chasse.

259 — Pendule Louis XVI, en bronze doré, modèle à vase, entre deux figures de femmes debout sur un socle en marbre blanc.

260 — Pendule borne en marbre blanc à moulures et mascarons en bronze doré. XVIIIe siècle.

261 — Pendule à cage, en acajou

262 — Pendule Louis XVI en marbre blanc, composée d'un fût entre deux colonnes et surmontée d'un vase à frise et guirlandes de lauriers en bronze ciselé et doré.

263 — Cartel Louis XVI en bronze doré, modèle à mascarons, tête de femme, draperies sur les côtés et surmonté d'un vase.

264 — Cartel Louis XVI à festons de lauriers et surmonté d'un vase en bronze doré.

265 — Cartel Louis XVI en bronze doré, modèle à rubans.

266 — Cartel Louis XVI en bronze doré, modèle à festons de lauriers, surmonté d'un vase à têtes de boucs.

267 — Cartel Louis XV en bronze doré, composé d'ornements rocaille à branches de vigne et deux figures d'enfants.

268 — Cartel analogue au précédent.

269 — Cartel Louis XV en bronze doré, à ornements contournés, fleurs, coq et enfant Génie, attributs des sciences.

270 — Cartel Louis XV en bronze doré, à ornements rocaille et fleurs, surmonté d'une figure de femme sur des nuages.

271 — Cartel Louis XV en bronze doré, à ornements rocaille et fleurs, surmonté d'un oiseau.

BRONZES D'AMEUBLEMENT

272 — Deux jolis bras-appliques à deux lumières, branches de lauriers en bronze ciselé et doré du temps de Louis XV.

273 — Deux petites appliques Louis XIV à une lumière s'échappant d'un mascaron tête de femme en bronze doré.

274 — Deux petites girandoles à trois lumières supportées par des figures chinoises en bronze doré.

275 — Deux candélabres de style Louis XVI, composés de vases ovoïdes en porcelaine blanche,

monture à piédouche et anses à têtes de béliers et bouquet à quatre lumières en bronze doré.

276 — Deux cassolettes de style Louis XVI en porcelaine gros bleu avec montures en bronze ciselé et doré, à anses têtes de satyres et festons de lauriers. Le couvercle est surmonté d'une pomme de pin.

277 — Deux chenets Louis XIV en bronze doré, modèle à vases, à bustes de femmes sur socles carrés à mascarons et griffes de lion.

278 — Deux chenets Louis XV, composés d'ornements rocaille en bronze.

279 — Divers Lustres Louis XIV en bronze doré, garnis de plaquettes, pyramides, pièces d'enfilage, etc., en anciens cristaux de Bohême.

280 — Paire de girandoles à cinq lumières en bronze doré, garnies d'anciens cristaux de Bohême, base à fût cannelé.

281 — Paire d'appliques analogues aux précédentes, celles-ci à base triangulaire.

282 — Deux petits candélabres de style Louis XVI, modèle à cassolette, en marbre blanc sur trépied à têtes de boucs et supportant trois lumières, en bronze doré.

283 à 290 — Quatorze paires de flambeaux Louis XIV, Louis XV et Louis XVI en cuivre gravé et en bronze doré de divers modèles.

291 — Girandole à deux lumières en bronze doré, à terrasse, supportant une figurine d'enfant en vieux saxe.

292 — Lot de mouvements de pendules anciennes.

293 — Lot de bronzes pour garnitures de meubles des xviie et xviiie siècles.

294 — Lot de montures en bronze pour porcelaines.

295 — Deux grands candelabres empire en bronze.

OBJETS DIVERS

296 — Quatre crucifix en ivoire, dont un dans un encadrement Louis XIV en bois sculpté et doré.

297 — Huit éventails anciens, à montures de nacre et d'ivoire.

298 — Bas-relief en bronze du xviie siècle, représentant l'Adoration des Mages.

299 — Coffret à couvercle bombé en écaille.

300 — Petit coffret à bijoux en ébène appliqué d'argent gravé, sujets et ornements du XVIe siècle.

301 — Boîte à jeu en laque rouge, contenant quatre petites boîtes à fiches.

MEUBLES ANCIENS

302 — Grande armoire Louis XIV à portes vitrées en partie; bois d'ébène à filets de cuivre, marqueterie de cuivre sur écaille rouge finement exécutée.

303 — Meuble à hauteur d'appui en marqueterie de cuivre garni de bronze, il ouvre à deux portes pleines.

304 — Meuble analogue au précédent.

305 — Meuble d'entre-deux en marqueterie de cuivre à porte vitrée.

306 — Deux socles en marqueterie de cuivre, genre Boulle.

307 — Deux tables en marqueterie de cuivre ornées de chutes à mascarons en bronze. Dessus de velours rouge.

308 — Table console à deux tiroirs en bois noir, et marqueterie. Dessus de marbre.

309 — Coffret oblong en marqueterie de cuivre sur écaille rouge garni de plaques de porcelaine à fleurs.

310 — Socle rectangulaire formant écritoire en ancienne marqueterie de cuivre et d'étain.

311 — Deux petits tableaux en porcelaine à figures d'amour avec cadres en marqueterie de cuivre.

312 — Panneau en marqueterie de cuivre et d'écaille avec mascarons en bronze doré.

313 — Meuble du temps de Louis XVI à deux portes vitrées, en bois de rose, et à dessus de marbre.

314 — Vitrine ancienne en bois satiné ouvrant à deux portes.

315 — Secrétaire Louis XVI en marqueterie de bois de rose, de bois satiné et d'érable à damier en losanges.

316 — Petit meuble vitré à deux portes en bois satiné, dessus de marbre.

317 — Bureau à dos d'âne du temps de Louis XV, bois de placage marqueté à losanges.

318 — Bureau à dos d'âne, du temps de Louis XV, en bois de rose.

319 — Bureau à dos d'âne, du temps de Louis XV, en bois de placage, garni de chutes et de sabots en bronze doré.

320 — Bureau à dos d'âne du temps de Louis XV, en bois de violette.

321 — Petit bureau Louis XVI à casier en acajou.

322 — Table à tric-trac Louis XVI en acajou avec pions en ivoire.

323 — Grand buffet Louis XIV à deux corps en chêne sculpté à moulures contournées, volutes et corbeille de fleurs.

324 — Table de nuit Louis XV en bois de rose, dessus de brocatelle.

325 — Deux petites tables à ouvrage en marqueterie de bois.

326 — Console Louis XVI en bois sculpté et doré à pieds cannelés.

327 — Console Louis XV en bois sculpté et doré à ornements contournés et guirlandes de fleurs. Dessus de marbre contourné à moulures.

328 — Petite console Régence, en bois sculpté et doré, à dessus de marbre.

329 — Bois de chaises sculptés de styles anciens.

330 — Lot de cadres Louis XIII et Louis XIV en bois sculpté et doré.

331 — Cartel Louis XVI en bois sculpté et doré à guirlandes de fleurs, surmonté de deux colombes.

332 — Baromètre Louis XV en bois sculpté et doré à guirlandes de fleurs surmonté d'une sphère.

333 — Baromètre Louis XVI en bois sculpté et doré à branches de feuilles de lauriers.

334 — Glace à bordure en bois sculpté et doré à fleurs et rubans.

335 — Glace Louis XIII, à fronton garni d'ornements en cuivre estampé.

TABLEAUX

336 — École française. — Triptyque représentant les figures allégoriques de la Foi, de l'Espérance et de la Charité, peintes sur fond doré.

337 — Deux dessus de portes en grisaille, jeux d'enfants, dans le goût de Sauvage.

338 — Copie de Sébastien del Piombo, la Visitation, dans un cadre sculpté.

339 — École Italienne. — La Vierge, Jésus et le petit saint Jean, peinture sur bois.

340 — Environ trente tableaux, divers sujets religieux, fleurs et paysages.

www.ingramcontent.com/pod-product-compliance
Ingram Content Group UK Ltd.
Pitfield, Milton Keynes, MK11 3LW, UK
UKHW032030260826
14628UKWH00006B/2850

9 782329 604640